Britt Gaab

Das Flow-Erlebnis - Ein Überblick

Britt Gaab

Das Flow-Erlebnis - Ein Überblick

GRIN Verlag

·Bibliografische Information der Deutschen Nationalbibliothek: Die Deutsche Bibliothek verzeichnet diese Publikation in der Deutschen Nationalbibliografie; detaillierte bibliografische Daten sind im Internet über http://dnb.d-nb.de/ abrufbar.

1. Auflage 2001
Copyright © 2001 GRIN Verlag
http://www.grin.com/
Druck und Bindung: Books on Demand GmbH, Norderstedt Germany
ISBN 978-3-640-85814-9

Das Flow-Erlebnis

von

Britt Gaab

Psychologie HS Lernmotivation
Das Flow – Erlebnis

Britt Gaab

1. Einleitung

Was sind die ursprünglichen Triebkräfte des Menschen? Was sind die elementaren Motive und was soll der Mensch in seiner Arbeit und Freizeit suchen?

Viele Tätigkeiten der Arbeit und Freizeit die uns heute beschäftigen, bestehen zum großen Teil aus Betätigungsfeldern, die extrinsische Motive beinhalten. Jene Triebkräfte, die uns etwas tun lassen, weil dahinter ein tätigkeitsfremder Anreiz steht, wie Geld, Versprechungen oder gesellschaftliche Anerkennung.

In diesen Ausführungen beziehe ich mich ausschließlich auf den Autor Mihaly Csikszentmihalyi (C.), bzw. denjenigen, die er in seinem Buch „Das Flow-Erlebnis" zu weiteren Erläuterungen heranzieht.

C. geht davon aus, das nicht alles Tun durch extrinsische Motive bestimmt ist. Die Menschen tun vieles, dass ihnen nichts einbringt. Sie spielen, klettern, wandern und sind kreativ tätig. Vielen Tätigkeiten liegt kein äußerer materieller Ertrag bei, sondern ein intrinsisches Motiv, eine intrinsische Belohnung. Dieses Motiv muß in der Tätigkeit selbst begründet sein, in der Art der Durchführung. Weist die Tätigkeit bestimmte Qualitäten auf, kann es zu einem Flow – Erlebnis kommen, welches mit der vollkommenen Verschmelzung von Handlung und Bewußtsein einher geht. Jeder Mensch sucht letztendlich ein Tun mit diesen Verlaufsqualitäten des „Fließens". Dies wird häufig erlebt in der Bewegung beim Tanz, Sport, oder im geistigen Vollzug zum Bsp. beim Schach spielen, dem Schreiben eines Briefes oder eines lyrischen Textes. Natürlich gibt es auch in sich befriedigende Tätigkeiten, die sowohl geistig als auch manuell ablaufen.

Frühere Veröffentlichungen von Piaget, Maslow, von Hebb u.a. weisen auf Begriffe wie spielerische Assimilation, Gipfelerlebnis und der Funktionslust hin. C. greift diese Bergriffe und Gedanken auf und zeigt in seiner Analyse, das sich im Flow – Erlebnis die Grenze zwischen Subjekt und Objekt verwischen, der Mensch sich im Tun vergißt und dass Weg und Ziel eins werden.

Ziel weiterer Forschungen auf diesem Gebiet könnte sein, Tätigkeiten wie dass Lernen und Arbeiten, interessanter für die Menschen zu gestalten, indem das Bewußtsein vermittelt wird, dass die eigenen Grenzen seiner Fähigkeiten erweiterbar sind.

2. Spielerische und kreative Tätigkeiten

C. erwähnt in seinem Buch eine Hungersnot vor etwa 3000 Jahren im kleinasiatischen Lydierreiches. Die Bewohner des Landes entwarfen einen im ersten Moment sehr ungewöhnlichen scheinenden Plan. Sie sollten sich jeweils einen Tag vollständig dem Spielen widmen, so dass kein Hunger aufkäme um dann am folgenden Tag zu essen und sich dem Spielen zu enthalten. Auf diese Weise überstanden die Bewohner des Landes die Hungersnot.

Dieser Bericht, ob nun wahr oder unwahr weist auf eine interessante Tatsache hin, nämlich der, dass die Menschen so sehr im Spiel aufgehen können, das sie Hunger, Probleme und die Zeit vergessen.

Welche Macht ist das, Grundbedürfnisse dem Spiel hinten an zustellen?

Wenn der Mensch spielt, ist der Mensch im Vollbesitz seiner Freiheit und Würde (Plato, Sartre). Wenn das Spiel zu einer derart befreienden und in sich lohnenden Aktivität wird, kann man diese Erkenntnis vielleicht auch außerhalb des spielerischen Rahmens anwenden?

Betrachtet man Künstler, dann kann man oft feststellen, dass die meisten von ihnen trotzdem sie nicht von ihrer Arbeit leben können, sich doch in geradezu fanatischer Weise dieser Tätigkeit widmen. Das Leben daneben scheint uninteressant, es besteht kein Interesse an den Werken anderer Künstler und sie besuchen selten Kunstausstellungen oder stellen sich Kunstwerke in die eigene Wohnung. Im Gegensatz dazu, sprechen sie gerne von den technischen Einzelheiten ihres Werkes und von den Handlungen, den Gedanken und den Gefühlen während ihrer Arbeit. Der Prozeß der Herstellung scheint soviel Freude in sich zu haben, physische Aktivitäten wie das Ausdrücken von Farbtuben, das Kneten von Lehm, ebenso wie die kognitive Auswahl der Bearbeitung eines Themas, dem Experimentieren mit neuen Kombinationen ect., das der Künstler sich selbst in seiner Arbeit wiederfinden kann. Häufig wird das Werk nach seiner Fertigstellung nicht mehr beachtet, oder sogar wieder übermalt. Diese Handlungsweisen zeigen, das Arbeit auch Freude und Sinn ins Leben bringen kann und nicht nur Frust und Unlust.

Vermitteln nur kreativen Tätigkeiten Freude, oder kann jeder unter geeigneten Bedingungen Freude an seiner Arbeit empfinden?

C. stellt die Vermutung auf, das jede Aktivität in sich lohnend sein kann. Vorausgesetzt, sie ist passend strukturiert und unsere Fähigkeiten sind ihren Herausforderungen angepaßt. Unter diesen optimalen Bedingungen empfinden wir auch Freude bei der Arbeit, an Gefahren und am Streß.

Um eine langweilige Situation in eine Belohnende umzuwandeln benötigt man keinen materiellen Anreiz. Es reicht eine symbolische Umstrukturierung der Information.

3. Intrinsische Motivation

In einer Welt, die in einem zunehmenden Maße von Macht und wirtschaftlichen Ansehen beherrscht wird, überrascht es immer wieder Menschen zu finden, die all diese Werte hinten an stellen und sich der Kunst widmen, sich dem Schachspiel zuwenden, oder sogar teilweise ihr Leben beim klettern im Fels riskieren.

Die Mehrheit der Menschen denkt, dass Arbeit hart und unangenehm ist.und Deshalb der Mensch nur durch eine äußere Belohnung , oder Furcht / Zwang zu motivieren ist. Die Standardisierung von äußeren Belohnungen wie Geld, Anerkennung durch die anderen Mitglieder der Gesellschaft repräsentiert das „normale" Motivationsprinzip. Als Ergebnis lernen Kinder wie Erwachsene, dass die Arbeit selber wertlos und nur durch die Note oder den Lohn gerechtfertigt ist. *Was man tun muß kann nicht befriedigend sein.* Daraus lernt der Mensch einen Unterschied zu machen zwischen der Arbeit und der Freizeit. Die Arbeit muß gegen den Willen abgeleistet werden. Langeweile und Frust sind die Folgen. Freizeit dagegen verbringen wir gerne, obwohl sie wenig Nutzen einbringt.

Tätigkeiten wie Klettern, Tanzen, Basketball ect. sind intrinsisch attraktiv, aber dennoch unproduktiv. Klettern wird von vielen gefürchtet. Klettert derjenige aber aus freier Entscheidung und die Umstände stimmen, kann das Klettern zu einer begeisternden Erfahrung werden.

4. In sich lohnende Aktivitäten (autotelisch)

Forschungen zu autotelischen Aktivitäten

Von einer autotelischen Aktivität spricht man dann, wenn diese Aktivität für den Ausführenden keine oder nur eine minimale Belohnung in sich trägt. Untersuchungen zeigten, dass autotelische Gründe mit zunehmendem Alter und Wohlstand wichtiger werden. Dieser Zusammenhang paßt zur Theorie der Bedürfnishierarchie (Maslow 1962). Demnach befaßt sich der Mensch erst dann mit Selbstverwirklichung, wenn seine unmittelbaren Bedürfnisse wie Sicherheit und Wertschätzung befriedigt sind. Man spricht eher auf eine intrinsische Belohnung an, wenn man an äußeren Belohnungen keinen Mangel erleidet.

Autotelische Tätigkeiten

Neben der intrinsischen Belohnung kann die Aktivität auch eine extrinsische Belohnung aufweisen (Komponist - Prestige und Geld). Forscher belegten, dass sich eine für die Person erfreuliche Tätigkeit in eine unangenehme Tätigkeit verwandeln kann, wenn plötzlich extrinsische Werte der Person gegeben werden. Die Aktivität, die vorher als in sich selbst belohnend angesehen wurde, verlorh ihren Reiz mit der Belohnung von außen. Der Grund ist sicherlich darin zu sehen, dass jemand von außen beobachtet, wertet und kontrolliert.

Eine Tätigkeit ist nur dann autotelisch, wenn Menschen aus ihr eine intrinsische Belohnung / Befriedigung ziehen. Als autotelische Personen bezeichnet man solche, die an dem was sie tun Spaß finden, unabhängig davon, ob sie eine extrinsische Belohnung erhalten. Autotelisches Erleben ist ein psychologischer Zustand der auf einem konkreten Feedback beruht. Autotelische Aktivitäten vermitteln autotelisches Erleben und eine Person ist dann autotelisch, wenn sie diesen Zustand erleben kann.

Struktur autotelischer Aktivitäten

Bei der Ausübung intrinsisch lohnender Tätigkeiten, geht es um die Befriedigung von vier zentralen Bedürfnissen (franz. Antropologe – Roger Callois 1958).

1 Wettbewerb – daher die Beliebtheit der Spiele, Sport und verschiedener religiöser Rituale

2   Bedürfnis nach Kontrolle des Unvorhersehbaren – Glücksspiele, Wahrsagerei, Astrologie

3   Menschliches Verlangen Beschränkungen durch Täuschung und Fantasie zu durchbrechen – Tanz, Theater, Kunst

4   Gefährliche oder bewußtseinsverändernde Tätigkeiten – Ski fahren, Klettern

Die meisten Tätigkeiten enthalten zwei oder drei der oben genannten Kategorien. Spaß ergibt sich dann, wenn man seine Fähigkeiten in neuen Situationen und in Freiheit ohne Zwang ausübt. Die Aktivität stellt Mittel und Weg dar, eigene Grenzen zu testen und das bisherige Selbstkonzept zu erweitern, durch die Erweiterung der Fähigkeiten und Erfahrungen. Sie geben dem Ausübenden das Gefühl des Entdecken, Erkunden und der Problemlösung, dem Gefühl der Neuheit und der Herausforderung (Lösen eines mathemat. Problems, entdecken eines neuen Ortes, etwas Neues entwerfen).

Der grundlegende Zug einer in sich belohnenden Tätigkeit ist die deutliche Herausforderung (Herausforderung durch etwas unbekanntes – Problemlösen beim Komponieren,   Tanzen , Klettern, Schachspiel, Herausforderung durch den Wettbewerb – Sport).

Die meisten Menschen beschreiben autotelisches Erleben durch eine Nähe von Kreativität, Entdecken und nach außen treten. Die Aktivität verlangt dabei eine aktive Beteiligung, wobei der Ausgang offen bleibt und vom Ausübenden mitbestimmt werden kann. Dennoch ist die Aktivität nicht so vorhersehbar wie eine Routinearbeit. Es besteht eine Einflußmöglichkeit im Gegensatz zum Spielautomaten. Das Ergebnis dieser Tätigkeit ist ungewiß, aber der Handelnde bleibt die steuernde Instanz.

Endecken und Erforschen bietet die Möglichkeit der Transzendenz, eine Ausdehnen der eigenen Fähigkeiten im Wettbewerb, an physischen Hindernisse , oder in der Auseinandersetzung mit intellektuellen Problemen.

Personen, die für Tätigkeiten die eine extrinsische Belohnung enthalten (Komponist, Chirurg), wenden deshalb Zeit und Energie für diese auf, weil sie daraus ein besonderes Erleben ziehen, welches im Alltagsleben nicht zugänglich ist. Merkmale dieser Tätigkeit sind:

1   Tätigkeit wird nicht als langweilig empfunden, wie oft das Leben außerhalb der Aktivität

2 Sie ruft keine Angst hervor, wie oft im Leben mit einer ungewissen Steuerung (nicht beeinflußbar)

3 Sie ist zwischen Langeweile und Angst, ein völliges Aufgehen des Handelnden in der Aktivität

4 Sie bietet eine laufende, fortdauernde Herausforderung

5 es bleibt keine Zeit für Langeweile oder Sorge über den Ausgang

6 Person verfügt über die notwendigen Fähigkeiten und erhält sofort eine klare Rückmeldung auf die jeweilige Handlung

Das völlige Aufgehen in einer Handlung wird auch als Flow bezeichnet. Im Flow erfolgt Handlung auf Handlung nach einer inneren Logik, die aber kein bewußtes Eingreifen von seiten des Handelnden zu erfordern scheint. Der Handelnde erlebt den Prozeß als einheitliches Fließen. Autotelisch bedeutet Flow. Flow bietet eine bessere Diskussionsgrundlage, da die autotelischen Aktivitäten die extrinsischen Belohnungen ausschließen, was beim Flow nicht der Fall ist. Flow kann man in jeder beliebigen Tätigkeit erleben, hier werden Aktivitäten, die erstmal wenig Vergnügen implizieren mit eingeschlossen.

Entscheidend ist das Tun selbst, der Prozeß. Dabei ist das Erreichen eines Zieles wichtig, um die eigenen Leistungen zu belegen. Dieses Ziel ist aber nicht in sich selbst befriedigend.

5. Flow - Erlebnis

Merkmale des Flow

Verschmelzen von Handlung und Bewußtsein

Ein Mensch im Flow – Zustand hat keine dualistische Perspektive. Er ist sich seiner Handlungen bewußt, aber nicht seiner selbst. Sobald sich die Aufmerksamkeit teilt, indem man die eigene Tätigkeit von außen sieht, wird das Flow unterbrochen. Genau das ist der Grund, weshalb es so schwer ist, Flow über einen längeren Zeitraum aufrechtzuerhalten. Normalerweise dauert die Verschmelzung mit der eigenen Aktivität nur kurze Zeitspannen, die durch Zwischenphasen unterbrochen werden, in denen die äußere Perspektive durchtritt. Dies geschieht beispielsweise indem sich die Person Fragen stellt wie: Was tue ich hier?, Mache ich es richtig?

Damit das Handeln in diesem Ausmaß mit dem Bewußtsein verschmilzt, **muß** die Aufgabe zu bewältigen sein. Flow tritt nur dann auf, wenn die Aufgabe im Bereich der Leistungsfähigkeit des Ausführenden liegt.

Zentrierung der Aufmerksamkeit auf ein begrenztes Stimulusfeld

Im Flow findet eine Einengung des Bewußtseins statt. Deshalb ist es möglich störende Stimuli außerhalb der Aufmerksamkeit zu halten. Die Vergangenheit verschwindet ebenso, wie die Zukunft.

Zitat S. 65

Im Falle des Spielens definieren die Regeln die relevanten Stimuli und schließen alles andere als irrelevant aus. Reichen diese Regeln nicht aus, kann man eine zusätzliche *Motivation über den Aspekt des Wettbewerbs*, oder dem *materiellem Anreiz* (Pokern), erreichen. Diese Stimuli üben einen verstärkten Druck aus, sich mit einer erhöhten Aufmerksamkeit der Aufgabe zu widmen. Dabei ist selten der Gewinn oder der Sieg das Ziel des Akteurs. Eine weitere Möglichkeit der Motivation ist die *Gefahr*. Die physische Gefahr sorgt für eine verstärkte Konzentration und damit für das Flow (Klettern). Man ist gezwungen alle Ablenkungen zu ignorieren, da das Überleben von der max. Konzentration abhängt.

Mit zusätzlichen Elementen der Motivation erhöht sich allerdings auch die Gefahr des Eindringens „äußerer Realität". Das Geld fördert sicherlich die Spielkonzentration, aber auch die Angst, dabei zu verliehren.

Verlust des Selbst – Selbstvergessenheit

Das Selbst – steht als Vermittler der Bedürfnisse des Organismus und den sozialen Erwartungen (Freud 1927).

Flow setzt keine Erwartungen voraus. Da die Aktivität auf frei gewählten oder akzeptierten Regeln beruhen, braucht die Person kein begleitendes Selbst. Denn wenn alle Teilnehmer die gleichen Regeln befolgen, brauchen keine neuen Regeln ausgehandelt werden.

Selbstvergessenheit bedeutet in diesem Zusammenhang nicht, den Kontakt zur eigenen physischen Realität zu verlieren. Im Gegenteil, ist man sich oft innerer Vorgänge bewußter (Yoga, Rituale). Was im Flow verloren geht, ist nicht die Bewußtheit des Körpers und deren Funktionen, sondern das Selbstkonstrukt.

Zitat S.68

Kontrolle der Handlung und Umwelt

Die eigentliche Kontrolle läuft im Zustand des Flow nicht bewußt ab, es ist vielmehr die Unbesorgtheit eines evtl. Mißerfolges. Zurückblickend, nach dem Flow erst, stellt der Akteur fest, das seine Fähigkeiten zur Bewältigung der Anforderungen genügten. Dies hat möglicherweise eine positive Auswirkung auf das Selbstkonzept.

Zitat S.70

Aktivitäten die zum Flow Erleben führen können und in denen man zumindest theoretisch alle Anforderungen erfüllt, sind zum Bsp. das Schachspielen und das Klettern. Der Spieler braucht nicht zu befürchten, dass der Zug des Gegners weitere Gefahren in sich birgt, als denjenigen, die schon durch die Regeln abgesteckt sind. Beim Klettern sind die Gefahren real, aber sie sind dennoch prinzipiell vorhersehbar und zu bewältigen. Auto fahren ist dagegen gefährlicher, es enthält wesentlich mehr Merkmale, die nicht beeinflußbar sind. Durch die objektive Einschätzung der jeweiligen Situation erfolgt eine ausschließliche Konzentration und damit eine Eindämmung aller Fehlerquellen.

Zusammenhängende und eindeutige Handlungsanforderungen mit einer sofortigen Rückmeldung

In einer Flow – Situation, weiß man genau, was gut und was schlecht ist. Ziele und Mittel sind geordnet. Es wird vom Akteur nicht erwartet, Dinge zu tun, die miteinander unvereinbar sind, wie das oft im alltäglichen Umfeld der Fall ist. Man weiß im Vorfeld, welches die Ergebnisse der verschiedenen Handlungen sein werden.

Autotelisches Wesen der Aktivität

Die Aktivität an sich scheint keine Ziele oder Belohnungen zu benötigen, welche außerhalb seiner Selbst liegen. „Laß das Motiv in der Tat sein, nicht im Ergebnis. Sei keiner von denen, deren Handlungsmotiv die Hoffnung auf Belohnung ist (Csikszentmihalyi,1987, S.73).

Die verschiedenen Flow – Elemente hängen zusammen und bedingen sich gegenseitig. Durch die Einschränkung des Stimulusfeldes erfolgt eine stärkere Konzentration auf die Handlung (Ablenkungen werden außer Acht gelassen). Dies führt zum Gefühl der Kontrolle über die Umwelt. Weil Flow – Aktivitäten klare und Widerspruchsfreie Regeln aufweisen, erlauben sie ein vorübergehendes Vergessen der eigenen Identität und den damit verbundenen Problemen. Als Ergebnis dessen, findet man den Prozeß intrinsisch belohnend.

Struktur von Flow – Aktivitäten

Es gibt Leute, die sofort ins Flow – Eleben einsteigen können, in dem sie ihre gesamte Aufmerksamkeit auf ein bestimmtes Stimulusfeld einschränken und damit die Verschmelzung von Handlung und Bewußtsein einleiten. Die meisten Menschen nutzen allerdings äußere Umstände um in diesen Zustand zu gelangen. Trotz großer Unterschiede der Aktivitäten, sind diesen gewisse Elemente gemein.

1. Möglichkeiten zu Handlungen in einem Bereich außerhalb von Angst und Langeweile (Folie,S.75); Person ist sich seiner Fähigkeit bewußt mit den von der Umwelt gestellten Anforderungen fertig zu werden; bei Überforderung – Sorge / Angst; bei Unterforderung – Langeweile.

2. Flow – Aktivitäten stellen im Verhältnis zu den Fähigkeiten der Person eine optimale Herausforderung da.

3. Zustand des Flow ist nicht vorhersehbar, selbst wenn die Person mehrfach bei derselben Aktivität ins Flow geraten ist. Es ist nicht nur abhängig vom objektivem Fähigkeitsniveau und von der objektiven Natur der Handlungsanforderung, sondern auch von der subjektiven Wahrnehmung. Deshalb kann eine Person bei gleichem Niveau von Handlungsmöglichkeiten abwechselnd Flow, Angst, oder

Langeweile empfinden. Damit wird eine Vorhersage durch die Person nur dann möglich, wenn sie sich und die eigenen Fähigkeiten objektiv wahrnimmt.

Eine Person kann sich dann wieder in den Flow – Zustand versetzen, indem sie den Schwierigkeitsgrad entsprechend den Fähigkeiten individuell anpaßt und verändert (Klettern: auf Eleganz achten, Aufmerksamkeit auf neue Handlungsmöglichkeit richten – einem Neuling Kletteranweisungen geben). Die gleiche Tour kann bei Wiederholung aufgrund von Wetterbedingungen, persönlicher Form oder selbst eingeführter Erschwernisse eine höhere Anforderung bilden. Sportaktivitäten haben theoretisch unerreichbare Obergrenzen der Herausforderung. Auch Kunst, Religion und Kreativität erfährt keine Einschränkungen und erlaubt somit eine Entwicklung der Fähigkeiten, die Erfahrungen zu organisieren.

4. Flow wird auch möglich, bei Aktivitäten, die gewöhnlich als Lust bezeichnet werden (Sexualität, Kaugummi kauen). Flow entsteht dann, wenn beinahe automatische Handlungsabläufe, den vollen Einsatz der physischen als auch psychischen Fähigkeiten einer Person in Anspruch nehmen.

6. Klettern im Fels

Klettern als intrinsische Aktivität

Das Klettern bietet zwar den Moment der Gefahr, aber sonst erstmal keinerlei sichtbare Belohnung. Die in sich abgeschlossene Handlung des Kletterns, kann für den Ausführenden eine eigene Wirklichkeit enthalten, die an Bedeutung höher bewertet wird, als die Realität des Alltags. Das Klettern stellt eine Erfahrung da, die zu einem Wandel , einer Veränderung des Lebens motiviert. Klettern wird von den Akteuren selbst als eine der reinsten Formen menschlicher Aktivität betrachtet, da:

- Leistungen als private Erfahrung verbleiben und nicht zu öffentlichen Ereignissen werden,
- Kletterleistungen nicht bewertet werden nach Schnelligkeit, Höhe, oder irgend einer anderen Dimension,
- Nur der Kletterer selbst oder die Mitkletterer können die objektiven Schwierigkeiten und das Niveau einschätzen und
- Es findet ohne Zuschauer statt.

13

Handlungsmöglichkeiten

Das Klettern eine bietet unbegrenzte Vielfalt von Handlungsmöglichkeiten, sowohl horizontal, im Sinne eines Fortschreitens von leicht zu schwierig und vertikal, wie beim Schach hat der Akteur mehrere Dimensionen derTeilhabung.

Im voraus kann der Schwierigkeitsgrad entsprechend der tagesgültigen Form gewählt werden. Dennoch ist der reine Klettervorgang immer verschieden. Der Fels verändert sich je nach psych./physio. Verfassung. Faktoren, wie das Wetter, Leistung des Partners, oder Materialfehler können unerwartete Anforderungen stellen. Auch der Kletterer selbst kann an sich veränderte Anforderungen stellen, die ihn dann wieder in den Flow – Zustand hineinversetzen, oder zurückversetzen. Unterschiede bezüglich der notwendigen Bewegungen, die Länge der Tour, Qualität der Sicherung, sparsamer Einsatz der Hilfsmittel, überflüssige Bewegungen vermeiden, Aufstieg ohne Hilfsmittel, Perfektion hinsichtlich des Gleichgewichts und der Eleganz ect., lassen immer neue Handlungsmöglichkeiten zu.

Gute Flow – Aktivitäten wie das Klettern oder Schach, bieten eine breite Vielfalt an Flow – Kanälen, auf den verschiedenen Stufen der Fähigkeiten und der Intensität. Wichtig dabei ist, die Anforderungsstufe (Risiko), kontrollieren zu können und dennoch einen Rest *Ungewißheit* zu haben. Dieser Unsicherheitsfaktor ist der Flow – Faktor. Ungewißheit bedeutet, ein Fließen ist möglich.

Konzentration auf begrenztes Stimulusfeld

Im Gegensatz zum Alltagsleben stellt das Klettern eine einfache enge zusammenhängende Handlung dar. Eine kleine Teilmenge des ganzen wird relevant – den Fels zu besteigen. Der Rest ist störend und wird als irrelevant ausgefiltert. Dabei fungieren die phys./psych. Anforderungen als Filter für die Stimuli der Außenwelt – nur das Überleben zählt. „„Konzentriert klettern"schreibt er,"heißt die Welt ausschließen. Wenn diese dann wieder in Erscheinung tritt, stellt sie eine neue Erfahrung dar, fremd und wundervoll in ihrer Neuheit"" (Doug Robinson, S.111).

Wie erhalten Kletterer diese Konzentration aufrecht?

Probleme des Kletterns ziehen das Interesse auf sich, sie stacheln die Neugier an und fordern immer neue Entscheidungen. Die Möglichkeit jede einzelne Position auszuprobieren, Gleichgewichtsreaktion zu testen macht diese Aktivität vergleichbar mit dem *Lösen eines mathematischen oder technischen Problems*. *Kreativität* erfordern die verschiedensten Bewegungsmöglichkeiten. Gleichzeitig *entdeckt* der Kletterer seine *Umgebung*. Natürlich ist der Aspekt der *Gefahr* wichtig zur Aufrechterhaltung der Konzentration. Sie zwingt zur ständigen Beobachtung der unmittelbaren Umstände. Jedes Abschweifen könnte Auswirkungen auf das Leben haben.

Gefühl der Kontrolle

Das Gefühl der Kontrolle und des Berechnens der Gefahrenstellen erfolgt über Erfahrung, Training, Vorsicht, Vorausberechnung, Sicherung, Verantwortungsgefühl und Selbsteinschätzung. Durch die verstärkte Konzentration werden fast alle Risiken ausgeschaltet. Viele halten Gefahr, als Ziel des Kletterns. Aussagen bestätigen das nicht. Es stellt einen Moment des Gesamterlebnisses dar, das sehr real und auch strukturell ein entscheidender Aspekt ist.

Rückmeldung

Neben der aufmerksamkeitszentrierten und intensiven Wirkung bietet die Gefahr auch eine klare und sofortige Rückmeldung, welche für Flow notwendig ist. Der Kletterer weiß dass er seine Sache gut macht, wenn er alles unter Kontrolle hat. Treten Zeichen der Angst auf, weiß er, dass seine Handlungen ungenügend sind und er sich mehr bemühen muß. Diese Rückmeldungsschleife ist ständig durch entsprechende Angst- und Kontrollsignale gegenwärtig.

Verschmelzen von Handlung und Bewußtsein

Ist der Kletterer voll auf das begrenzte Umfeld konzentriert und er erfährt eine ständige Rückmeldung in Form des Kontrollgefühls, kann ein Zustand entstehen, in dem das Ego nichts mehr zu tun hat, nicht mehr beachtet wird.
In der Bewegung steckt schon der Ansatz zur nächsten Bewegung, sie bedingen sich einander. So entsteht ein fließender Prozeß von Bewegung – Gleichgewicht – Wahrnehmung – Entscheidung .... .Läuft dieser Prozeß automatisch ab, wird das Bewußtsein nicht mehr benötigt. Ist der Schwierigkeitsgrad richtig, folgt Handlung auf

Handlung in einem gleitenden Übergang. Der Handelnde braucht keine Außenperspektive für eine bewußte Intervention. Das Handeln verschmilzt mit dem Bewußtsein. Der Handelnde ist in den Fluß seiner Bewegungen eingetaucht. Mit diesem veränderten Bewußtseinszustand geht eine Veränderung des Zeitempfindens einher. Der Kletterer verliert den Kontakt zur Zeit. Dies wird häufig durch Widersprüchliche Ausdrücke, wie ein ewig andauernder Augenblick, zum Ausdruck gebracht.

Tiefes Flow

Trotz der Einengung auf ein begrenztes Stimulusfeld und der vollständigen Konzentration darauf, kann es innerhalb des Flow zu einer Öffnung für die Grundbelange des Universums kommen (transzendent, religiös, visionär, ekstatisch). Im Augenblick dieses Zustandes wird dieser nicht bewußt wahrgenommen. Das bewußte Realisieren und formulieren eines solchen tiefen Erlebnisses, erfolgt erst hinterher.

Wie ist das zu erklären?

Der Kletterer erlebt das Klettern und sichern als eine Abfolge von Konzentrations- und Entspannungsphasen. In den Entspannungsphasen entspannt sich auch der Geist. Damit hat der Körper die Möglichkeit die Welt in sich aufzunehmen. Wird dieser Zyklus zur Routine (Konzentr. / Entspann.), kann es in den Entspannungsphasen zu diesen tiefen visionären Erlebnissen kommen. Somit bietet der Gipfel als endgültige Entspannung die Möglichkeit der intensivsten Momente.

Zitat S.124 / 125, Folie S.130

Klettern als Möglichkeit des gesellschaftlichen Wandels

Wie kann eine Aktivität, wie das Klettern, die Basis für eine klarere Wahrnehmung einer Kultur bieten?

Das gesellschaftliche Bewußtsein läßt sich mit einer Maske vergleichen. Beim Klettern fallen die Masken und Rollen, die einem die Gesellschaft im alltäglichen Leben zuschreibt ab. Im alltäglichen Miteinander sind gesellschaftliche Anlässe, die nächsten Termine in der Schule oder im Beruf, das Thema, was einen zunächst einmal beschäftigt. Der Mensch hat es heute in einer hektischen Zeit sehr schwer, sich von gesellschaftlichen Normen und Werten zu lösen. Genau hier bietet sich beim Klettern die einmalige Erfahrung, über das Übergroße, dem Universum und der Rolle des Menschen darin, tiefgründiger nachzudenken, oder auch nur zu empfangen, wie das im tiefen Flow der Fall ist.

Gerade Menschen mit viel Klettererfahrung übertragen diese Erlebnisse auch in das private und persönliche Leben in der Gesellschaft. Um im Einklang mit der Natur zu leben, den Streß abzubauen und sich so geben zu können, wie sie wirklich empfinden, verändern einige von ihnen ihre gesellschaftliche Stellung. Zitat S.127

7. Abschluß

In allen Aktivitäten des Flow entdeckt der Beteiligte einen seelischen Zustand, welcher im alltäglichen Leben selten vorkommt. Dieser Zustand ist beim Kletterer gekennzeichnet durch ein erhöhtes Bewußtsein seiner körperlichen Leistung, dem Gefühl der Harmonie zu sich selbst und der Umwelt, dem Vertrauen in die Kletterkameraden sowie der absoluten Klarheit des Ziels.

Allen Flow – Aktivitäten ist gemein, die totale körperliche und geistige Beteiligung an einer zu bewältigenden Sache, wodurch die Kompetenz des Handelnden, seine gesamte Existenz zutiefst bestätigt wird. Genau dass macht die Aktivität lohnend, trotz des Fehlens konkreter Belohnungen. Wer diesen Zustand des Seins schon einmal erlebt hat, kommt nicht umhin, diesen mit der Realität des Alltags zu vergleichen. Aus diesem können sich neue kulturelle Werte und Normen entwickeln. Langeweile, Pflicht und Angst umgibt uns im Alltagsleben, in der Schule und im Beruf. Auf der Suche nach Erfüllung, betätigen wir uns mit extrinsischen Aktivitäten, die die Leere unserer Existenz kompensieren sollen. Mit der Erkenntnis der Mechanismen des Flow, könnten Wege und Mittel gefunden werden, das alltägliche Leben interessanter zu gestalten.

8. Literatur:

Mihaly Csikszentmihalyi. (1987). Das Flow-Erlebnis.Stuttgart: Klett-Cotta

Csikszentmihalyi, M.&Schiefele, U.(1993).Die Qualität des Erlebens und der Prozeß des Lernens. Zeitschrift für Pädagogik, 39, 207-221

Flow-Erleben

Flow bezeichnet ein mehrere Komponenten umfassendes Gefühl des völligen Aufgehens in einer Tätigkeit. Der Handelnde erlebt den Prozeß als ein einheitliches Fließen von einem Augenblick zum nächsten. Allen Flow-Aktivitäten ist gemein, die totale körperliche und geistige Beteiligung an einer zu bewältigenden Sache.

Merkmale des Flow

- Verschmelzen von Handlung und Bewußtsein
- Selbstvergessenheit
- Kontrolle von Handlung und Umwelt
- Zusammenhängende und eindeutige Handlungsanforderungen
- Zentrierung der Aufmerksamkeit
- Autotelisches Wesen der Aktivität
- Rückmeldung

Bedingungen des Flow

- Gleichgewicht von Fähigkeit und Anforderung
- Eindeutigkeit der Handlungsstruktur
- Zustand des Flow als nicht vorhersehbare Komponente

Lightning Source UK Ltd.
Milton Keynes UK
UKRC010016050219
336611UK00001B/7

* 9 7 8 3 6 4 0 8 5 8 1 4 9 *